Costas de Maldonado

Solís – Piriápolis – Punta Ballena – Punta del Este – La Barra – José Ignacio

GRANICA
rumbo↗

MALDONADO, HISTORIA Y TURISMO.

MALDONADO, HISTORIA Y TURISMO. El departamento de Maldonado se extiende en el sureste del país sobre una superficie de 4.705 kilómetros cuadrados, a los que deben sumarse las pequeñas pero significativas áreas de las islas de Lobos y Gorriti. El territorio abarca una variada geografía de llanos, sierras, valles, bosques, lagunas y costas. Estas últimas se prolongan por más de 100 kilómetros, parte sobre el Río de la Plata y parte sobre el océano Atlántico. El suelo está recorrido, al oeste y al sur, por cadenas de sierras que otorgan diversidad al paisaje y lo hacen aparecer con la perspectiva de tierras altas. El panorama lacustre está representado por las lagunas del Sauce, del Diario, Blanca, José Ignacio y Garzón, esta última limítrofe con el departamento de Rocha.

La población asciende, aproximadamente, a 127.500 habitantes.

La capital administrativa, San Fernando de Maldonado –fundada en 1757 en su actual emplazamiento–, se encuentra hoy prácticamente unida a Punta del Este por calles y avenidas.

San Carlos, fundada en 1763, representa la capital cultural y agropecuaria, con una activa tradición artesanal en los rubros del cuero, la platería y los tejidos de lana.

Otras ciudades son Pan de Azúcar, Aiguá y Garzón.

Existen dos explicaciones sobre el origen del nombre Maldonado.

La primera lo retrotrae al año 1530, cuando, finalizada la incursión de Gaboto en busca de las Sierras de la Plata, se le encomendó a Francisco Maldonado, teniente alguacil de la nave capitana, que saliera de caza, frente a la isla de Lobos, en procura de víveres frescos. Después de una espera prudencial, como Maldonado no regresaba, la expedición partió hacia España, pero su apellido permaneció como nombre genérico de la región.

La otra teoría, más recibida por los historiadores, sitúa la denominación a finales del siglo XVII y principios del XVIII, en plena época de los faeneros, cuando la Banda Oriental de los Charrúas era tierra de nadie y se concedían permisos para faenar ganado vacuno. Uno de los permisarios más consecuentes, de apellido Maldonado, le habría dado nombre a la región.

La historia se mantiene viva y palpita hasta en sus rincones más apartados.

Todos los 2 de febrero se festeja el aniversario del primer desembarco de la expedición descubridora de Solís, en 1516, en la bahía que bautizaron de La Candelaria.

También permanece encendido el reconocimiento a los pioneros que impulsaron el desarrollo de la zona, entre los que destacan Francisco Aguilar, Francisco Piria, Henry W. Burnett, Juan B. Gorlero, Antonio D. Lussich, y Mauricio Litman, entre otros. La lucha contra los médanos mediante plantaciones de pinos, iniciada por el inglés Henry W. Burnett y seguida por visionarios emprendedores entre los que destaca el ejemplo de Antonio Lussich, el creador del Arboretum que lleva su nombre, promovió la modificación del entorno, de desérticas dunas en saludables bosques de pinos y eucaliptos, base del desarrollo turístico posterior.

Hoy, Maldonado apuesta por el desarrollo del turismo, su principal actividad en torno a los dos grandes polos de atracción: Piriápolis y Punta del Este, con sus respectivas zonas de influencia. Las bellezas naturales se dan la mano con la arquitectura y el urbanismo para conjugar un entorno donde vivir y descansar en un clima de confort y tranquilidad.

En un principio se trató de un turismo estacional pero, en los últimos tiempos y en base a una concepción más amplia, se ha procurado prolongar la temporada con un sentido integral fundado en la valoración del tiempo libre, la vida sana, los desarrollos culturales, el fomento de congresos y espectáculos artísticos, la práctica de deportes varios y la moderna hotelería.

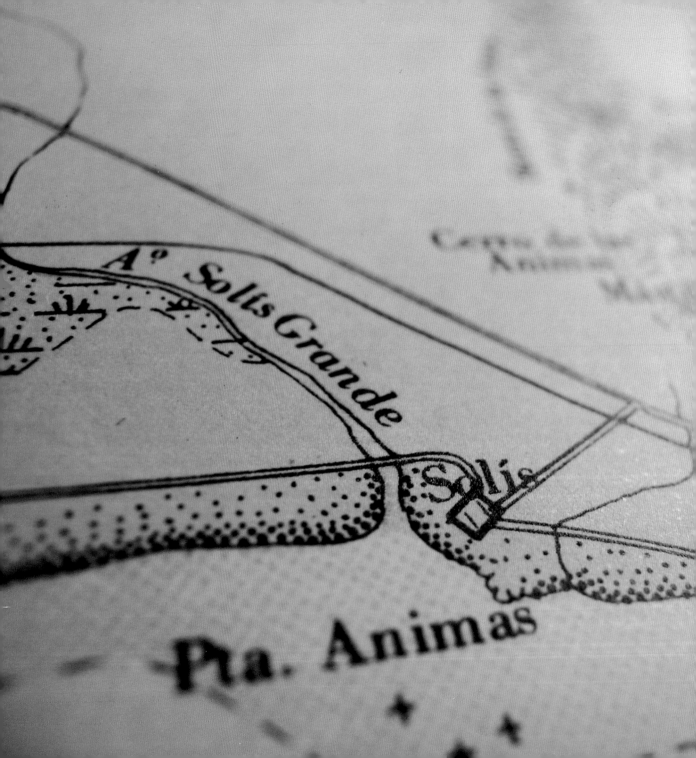

Solís

El balneario Solís es la primera cuenta del largo collar de balnearios que ofrecen las costas de Maldonado.

El paseo por la playa, desde la desembocadura del arroyo Solís Grande hasta las rocas preferidas por los pescadores de caña, suele verse recompensado por el hallazgo de trozos de azulejos o tejas Marseille, procedentes del naufragio de la fragata francesa *Saint François*, ocurrido en mayo de 1872.

Frente a Playa Verde las barcas de pescadores ponen su cuota de pintoresco color naranja mientras reposan sobre la arena o se adentran rumbo a la aventura diaria, y al infaltable regreso aguardado como rito por vecinos y turistas.

Pan de Azúcar

Los antiguos marinos la llamaban "costa del Pan de Azúcar" porque desde mar adentro domina la señera figura del cerro, que brilla bajo los reflejos del sol.

Las estribaciones de las sierras terminan en pequeños balnearios de recatado encanto como Las Flores, Bella Vista y Playa Hermosa, a los que todavía hoy se puede acceder por caminos vecinales custodiados por palmeras.

Los altos barrancos se proyectan en playas de cantos rodados, rubias arenas y rocas afiladas, que las mareas dejan al descubierto.

También afloran cursos de agua, arroyuelos que se deslizan hasta su encuentro con el Río Grande como Mar.

Cº Pan de Azúcar

170

Cº de los Burros

Piriápolis
252

Cº del Tord

Cº del Inglés

Piriápolis

Stella Maris, llamada popularmente la Virgen de los Pescadores, vigila los caminos de la costa y del mar desde su emplazamiento en la ladera del cerro San Antonio. Tallada por un artista milanés seleccionado personalmente por Francisco Piria, es considerada la Piedra Fundamental de Piriápolis.

El Argentino Hotel, cuya suntuosa fachada recuerda las de palacios italianos, fue comenzado en 1920 e inaugurado en la Nochebuena del año 1930, en medio de una de las fiestas más fastuosas de que se tenga memoria.
Durante muchos años fue considerado el más grande y lujoso de Sudamérica.

Hacia 1890, don Francisco Piria, financista genial y visionario alquimista, imaginó un balneario a semejanza de los lujosos centros europeos, al que bautizó con su nombre.

Empezó por adquirir grandes extensiones de tierra –comprendidos los cerros Pan de Azúcar, del Inglés y del Toro– para continuar con la construcción de su propio castillo, en 1897.

Más tarde se abocó, con el característico despliegue de su personalidad, a las obras del puerto, la Rambla de los Argentinos, la iglesia y los hoteles. El lujoso estilo arquitectónico finisecular fue continuado sobre la rambla a través de numerosos petit hoteles y residencias de familia, algunas de los cuales permanecen en pie como testimonio de la época.

R. F.
Curbelo

2 Khz.

Laguna del
Sauce

B. y V. D·s. Alt. c / 5s.
3m. 18.3M

la Ballena

S

Laguna del Sauce

Al abrigo de las colinas, en un suave valle de tierras feraces que en épocas coloniales fue destinado a la pastura de los ganados del rey, la laguna del Sauce supo mantener su fama de hermoso reducto de juncos y sauzales, estos últimos tan abundantes que le dieron su nombre.

La singularidad del ambiente se incrementa con sus dorados atardeceres y la presencia de aves de colorido plumaje.

Espejo de aguas tranquilas rodeadas de bosques de pinos y eucaliptos, las riberas fueron elegidas para sede de clubes privados, hoteles de categoría y privilegiadas residencias de artistas y personajes famosos.

Desde las Cumbres se domina una maravillosa vista de la laguna del Diario y Punta del Este.

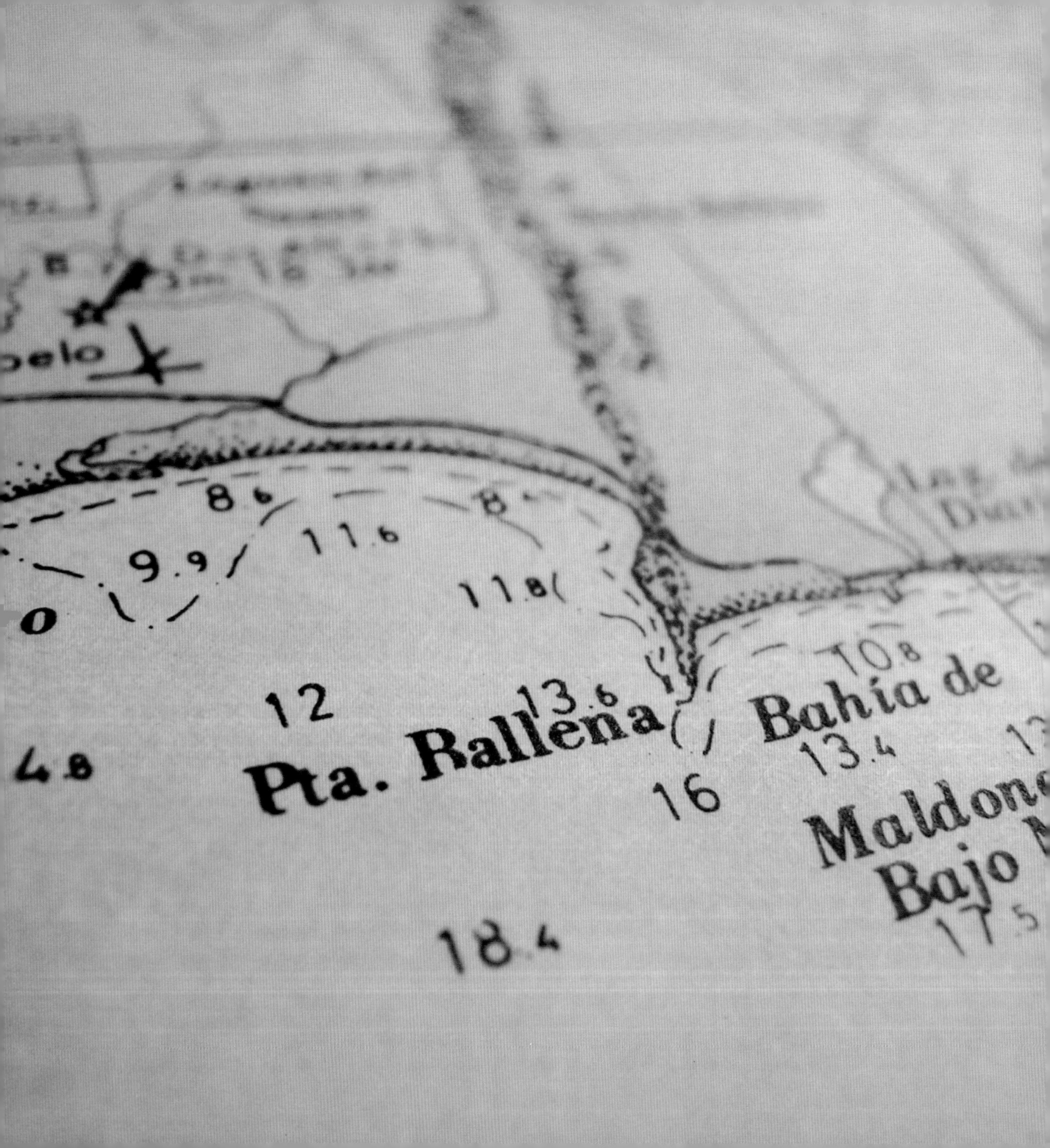

Pta. Rallena
Bahía de
8.6
8
11.6
9.9
11.8
12
13.6
10.8
13.4
16
4.8
18.4
17.5

Punta Ballena

parada↗ CABALGATA EN SOLANAS

Punta Ballena, cual gigantesco cetáceo, semeja una cuña de sierra que se adentra en el mar.

El Arboretum Lussich, sobre la cima misma, exhibe una naturaleza desbordante donde conviven especies aportadas desde los cinco continentes, aclimatadas en un parque que los entendidos catalogan como la séptima reserva forestal del mundo y la más importante de Sudamérica.

Recostado en la ladera, el Museo y Taller de Casapueblo, original escultura habitable del plástico Carlos Páez Vilaró, desafía el acantilado a semejanza de uno de los pueblos blancos del Mediterráneo.

Los atardeceres que se contemplan desde los balcones del bar de los Artistas, con música y oración al mar incluidas, suelen dejar en éxtasis el ánimo de los visitantes.

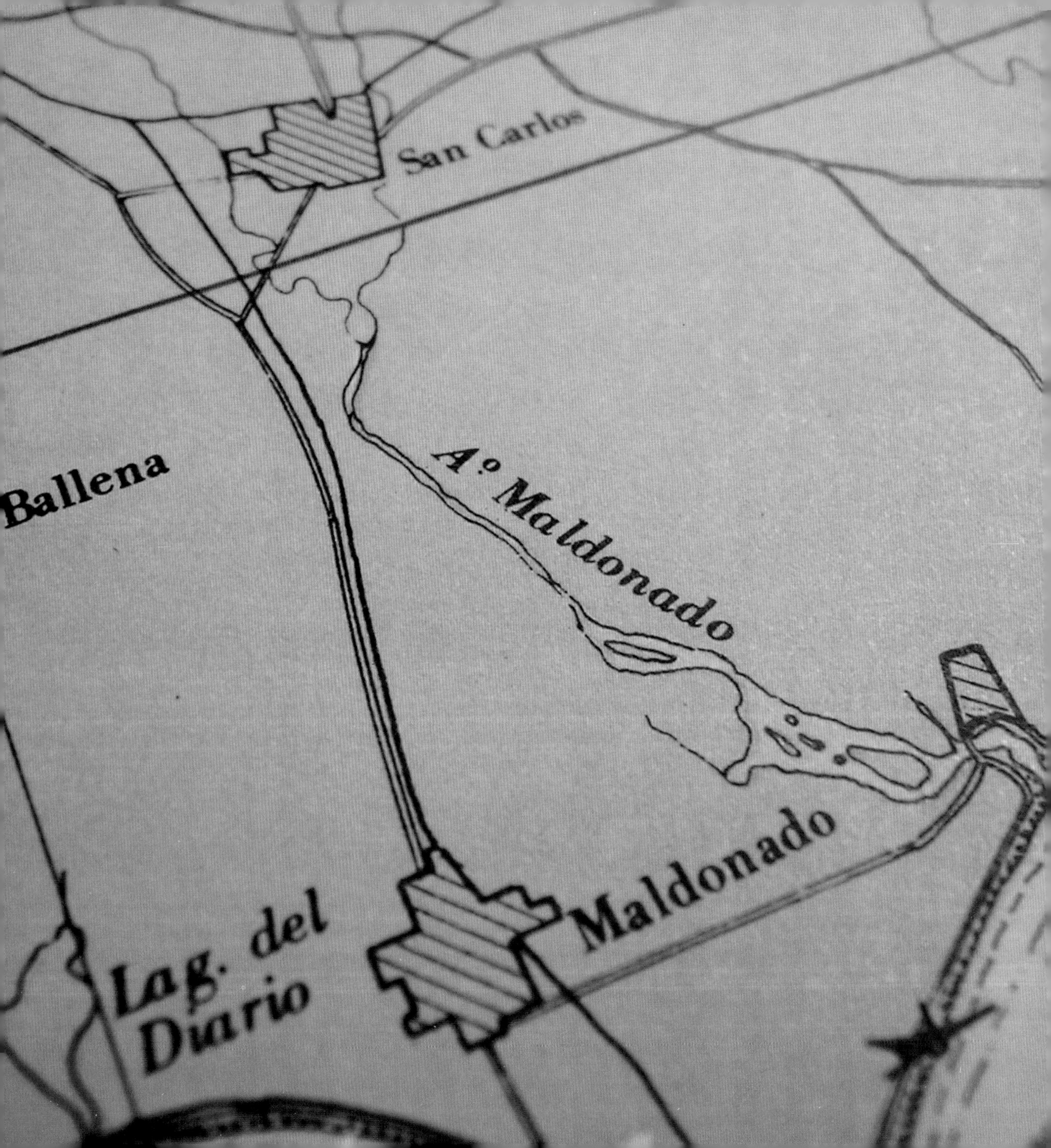

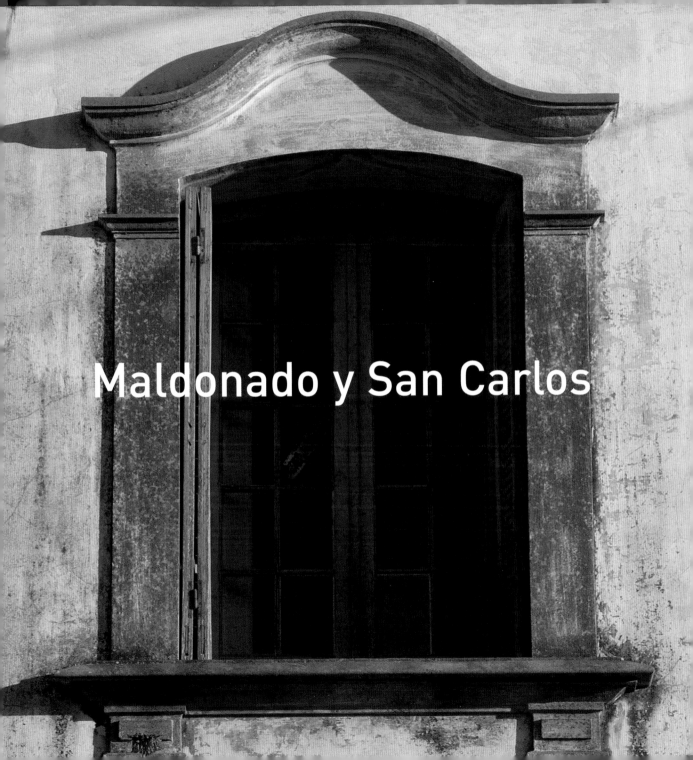

Maldonado, como toda ciudad que apuesta por el futuro, se siente orgullosa de su pasado histórico. La Torre del Vigía, en la plaza del mismo nombre, símbolo de la historia colonial, fue terminada en 1799 con la función de atalaya para atisbar el horizonte en busca de barcos amigos o enemigos. El cuartel de Dragones, la principal edificación militar de la zona, reciclado parcialmente y excavados arqueológicamente sus cimientos, alberga el Museo Didáctico Artiguista.

La construcción de la Catedral, de estilo neoclásico, frente a la plaza San Fernando, demoró casi un siglo, desde 1801 cuando se colocó la piedra fundamental hasta la solemne inauguración en 1895, bajo la tutela de la imagen de la Virgen del Carmen del Santander.

San Carlos fue fundada en 1763 por el gobernador de Buenos Aires, don Pedro de Cevallos, en homenaje al rey de España Carlos III de Borbón, con un pequeño grupo de familias azorianas traídas desde el Río Grande, zona de permanentes conflictos hegemónicos con la Corona de Portugal.
A lo largo de sus dos siglos de historia la ciudad ha sabido conjugar los valores tradicionales con el desarrollo económico y cultural.
El molino Lavagna, otrora empresa industrial, aguarda un reciclaje con finalidades artísticas y sociales.
La iglesia San Carlos Borromeo, frente a la plaza principal, construida en estilo romano del siglo IX, es la más antigua del país y fue inaugurada con solemne ceremonia el 1 de enero de 1801.

Maldonado
10.3
5.9
9.5
15
15
B. Desc. c/8s.44m
Pta. del Este
17
Bajo del Este
23.5
23.5
Silvia

Punta del Este

Punta del Este, la primera capital turística del Mercosur, ofrece varios encantos para atrapar a sus visitantes.

Sobre la playa Brava y frente al Paseo de las Américas se encuentra la escultura de Las Manos, metáfora del hombre surgiendo a la vida, obra premiada del escultor chileno Mario Irrazábal que se transformó en el referente más fotografiado.

En la punta del Vapor, cual escultura ferruginosa que emerge de las olas, se divisan los restos del carguero argentino Santa María del Luján, naufragado en 1965. A lo lejos, sobre el horizonte, la isla de Lobos.

Muelle del Club de Pesca Punta del Este, en la parada 3 de La Mansa.

El puerto de Punta del Este, de La Candelaria, resulta uno de los paseos más pintorescos, con las barcas pintadas de brillantes colores y el espectáculo de los pescadores artesanales alistando los palangres y preparando las redes a la vista del público.

La venta del pescado fresco congrega un gentío numeroso que se divierte con el rugido de los lobos marinos, increíblemente mansos y los graznidos y vuelos rasantes de las gaviotas, que se disputan los desechos.

El sector deportivo se llena durante la temporada de lujosas embarcaciones de las más diversas banderas. Regatas como la Whitbread o de navegantes en solitario lo han elegido como escala de famosas competencias internacionales.

parada ↗ BALLENA EN LA MANSA

Punta del Este ofrece un calidoscopio de paisajes diversos, con acento en las playas, bosques y hermosos edificios.

La playa Mansa, entre la Península y los Pinares, se desarrolla a la vera de un cinturón de aguas tranquilas, especialmente apto para los deportes acuáticos.

El Conrad, un hotel cinco estrellas de estilo norteamericano, incorpora una modalidad de turismo internacional para los amantes de los juegos de azar y de los espectáculos artísticos.

Por otra parte, la lente del fotógrafo, desde lo alto de la Torre del Agua del Parque del Golf, selecciona un ángulo tan insólito como sugerente: un bosque de cemento emergiendo de entre un mar verde de pinos y eucaliptos.

Islas

Punta del Este tiene el privilegio de dos islas cercanas. Dos universos distintos a muy corta distancia. Una isla da frente al océano Atlántico y la otra sobre el Río de la Plata. La una refugio de lobos marinos, tal vez la colonia más grande de América del Sur y la otra hospitalario monte de pinos. Una dispone de un faro de primer orden de 56 metros de altura y la otra sirve de resguardo a las embarcaciones de pequeño calado que huyen de las tormentas. Ambas son ricas en historias y pesqueros excepcionales, pero tienen destinos diferentes. Gorriti es cita obligada de excursiones colectivas y fondeadero de yates deportivos frente a la playa Honda, mientras que Lobos debe ser observada desde las embarcaciones que se acercan y la rodean, en medio de un inolvidable espectáculo de lobos marinos que les dan la bienvenida.

Estación

Nogaro

Playa Brava

6

La Brava

Hacia el este se extiende una sucesión de entornos de elegante arquitectura y hermosos jardines, que surgieron como barrios independientes y hoy forman parte del gran Punta del Este. Entre ellos destacan San Rafael y el Parque del Golf, fundados con ambiciosos proyectos en la década de 1940. Sus piedras angulares fueron dos hermosos y emblemáticos hoteles, el San Rafael y la Torre del Agua, de estilo Tudor y sobria elegancia, lo que les ha permitido mantener su clásica fisonomía hasta el presente.

El San Rafael, de acuerdo con los nuevos tiempos, se ha especializado en la organización de eventos sociales y culturales, mientras que L'Auberge, por su parte, cumple con creces el "arte del bien recibir".

Pta, de la Barra

3.2

Pta, Mald

4.8

Ersi

5.6

12.6

La Barra

parada↗ PESCA EN LA BARRA

La barra del arroyo Maldonado es uno de los reductos más pintorescos de la costa atlántica. Apenas pasada la sensación de vértigo del puente Leonel Viera –hay que cruzarlo rápido para experimentarla–, una maravilla de la ingeniería moderna que se construyó en dos etapas, la primera vía en 1965 y la segunda en 1999, aparece El Tesoro, nombre con reminiscencias de leyenda de cofre enterrado por un pirata perseguido por los ingleses en la cercana isla Ka-Guí. El balneario La Barra tiene propuestas de interés para todas las preferencias: la vida artística (anticuarios, galerías de arte y ateliers de pintores), la faz gastronómica y la movida joven, con profusión de pubs y boliches bailables. El movimiento nocturno contrasta con la tranquilidad de playas casi privadas y rincones entre las rocas, a los que se accede por escalinatas de madera.

Laguna Garzón

12.₈

20

16.₄

Pta. José Ignacio
B Des ₵/2s 32.5m/27 M.

20s

ₐnacio

8
8
8

Bajo Ladas

11 13.₆ 27s

18 9 (8) 22

(12₈)

José Ignacio

En 1877 se construyó un poderoso faro sobre la desierta punta arenosa. Años después comenzaron a levantarse los primeros ranchos de veraneantes, en los heroicos tiempos de carretas tiradas por bueyes. Hoy en día José Ignacio se ha convertido en un reducto con personalidad propia, que sabe conjugar opuestos como el refinamiento y la naturalidad, mientras conserva algunas construcciones de antaño entre las residencias de celebridades argentinas y turistas europeos.

Completan el panorama exclusivas propuestas gastronómicas y comercios de antigüedades.

La diferencia radica en el espíritu de los residentes y la actitud de los veraneantes, dispuestos a defender el silencio y la tranquilidad por encima de todo. Un letrero rematado con caligrafía manuscrita lo sintetiza: "Aquí sólo corre el viento".

Más allá de José Ignacio, la playa se extiende bravía y solitaria hacia la laguna de Garzón. La ruta, que avanza por entre los comienzos de nuevas urbanizaciones, se interrumpe frente al muelle donde atraca la pequeña balsa que permite el cruce de personas y vehículos hasta la otra orilla. La solución, a primera vista anacrónica, marca el sentir de la zona en defensa de su entorno natural. Resulta un deber moral para con la franja costera mantener ese reducto en las condiciones actuales, como forma de conservarlo para las generaciones futuras.

Cerramos, entonces, la última cuenta del collar de balnearios de las costas de Maldonado, con un broche ecológico.

© 2005 by Ediciones Granica SA

© 2005 by Arturo Ballester Molina, fotografías ↗ © 2005 by Juan Antonio Varese, textos ↗ BUENOS AIRES: Ediciones Granica S.A., Lavalle 1634 3º C1048AAN Buenos Aires, Argentina, Tel.: +5411-4374-1456 # Fax: +5411-4373-0669, granica.ar@granicaeditor.com ↗ MÉXICO: granica.mx@granicaeditor.com ↗ MONTEVIDEO: granica.uy@granicaeditor.com ↗ www.granica.com ↗ Diseño: Martín Marotta ↗ Reservados todos los derechos, incluso el de reproducción en todo o en parte en cualquier forma ↗ Rumbo es una colección de Ediciones Granica ↗ Cartas náuticas publicadas con autorización del SOHMA (Servicio de Oceanografía, Hidrografía y Meteorología de la Armada de Uruguay). No validadas para la navegación ↗ Hecho el depósito que marca la ley 11.723 ↗ ISBN 950-641-467-X ↗ Impreso en Argentina. Printed in Argentina.

Ballester Molina, Arturo. Costas de Maldonado : Solís - Piriápolis - Punta Ballena - Punta del Este - La Barra - José Ignacio / Arturo Ballester Molina y Juan Antonio Varese. – 1a. ed. – Buenos Aires : Granica, 2005.
64 p. ; 20x20 cm.
ISBN 950-641-467-X
1. Fotografías-Costas de Maldonado (Uruguay) I. Varese, Juan Antonio
II. Título CDD 799.943 789